李金元语录

李金元　凯文·麦康基　著

RÉALISER VOTRE RÊVE

Les Paroles de
Li Jinyuan

Par Li Jinyuan, Kevin McConkey

壹嘉出版 1 PLUS BOOKS

前言

作为一名中国公民、企业家、慈善家,李金元先生行事低调,他将帮助他人获得健康、幸福和财富视为自己的责任,支持、帮助了世界各地的人们。

他追求人性的基本美德,他的领袖气质散发着独特的魅力,他对于全人类大家庭有着大爱。只要你听过他的讲话,你就会清楚地看到他是如何理解中国古代的传统文化和把握现代中国的发展方向,他透彻而充满力量的评论影响激励了很多的人。

出版这本书是为了将他的理念传播得更远,引导读者在自己的生活中进行反思并付诸实践。凯文·麦康基通过与他进行讨论和回顾他的演讲,以"健康"、"幸福"和"财富"作为关键词,总结提炼了他的人生感悟。这也是李金元先生所希望的。

Préface

Li Jinyuan, en tant que personne, homme d'affaire, philanthrope et citoyen de Chine, a assisté, guidé et donné son soutien à beaucoup de personnes dans le monde. Il a fait tout ça discrètement et sans fanfare, convaincu qu'il est de sa responsabilité d'aider les autres à atteindre santé, bonheur et bonne fortune.

Sa foi profonde dans la bonté essentielle des gens, son propre charisme en tant que leader, son amour et son engagement pour la famille, sa reconnaissance des traditions de l'ancienne Chine et la direction de la nouvelle Chine se sont éclaircis pour les personnes qui l'entendent parler. La clarté et la puissance de ses commentaires en ont inspiré beaucoup.

Ce recueil des pensées de Li est une manière de faire mieux entendre sa voix et de permettre aux lecteurs d'obtenir un reflet et une orientation dans leur propre vie. Kevin McConkey a obtenu ses pensées à travers des discussions et une analyse des présentations et des discours de Li. Nous avons regroupé ses mots et ses pensées clés en différentes grandes catégories comme santé, bonheur et fortune car c'est ce que Li souhaite pour tout le monde.

作者

Auteur

李金元毕业于南开大学。他是天狮集团的创始人，这是一家总部位于中华人民共和国天津市的民营企业。由于他的工作和对社会的贡献，他曾多次获得国际、国内奖项。本书包括一篇他的简短传记。

Li Jinyuan est diplômé de l'Université de Nankai. Il est le créateur et président de Tiens Group Co. Limited, une entreprise privée dont le siège est à Tianjin en République populaire de Chine. Il a reçu des prix et des honneurs en Chine et dans d'autres pays du monde pour son travail et ses contributions à la société. Une brève biographie de Li est incluse dans cet ouvrage.

李金元　Li Jinyuan

凯文·麦康基 Kevin McConkey

作者

Auteur

　　凯文·麦康基毕业于澳大利亚昆士兰大学，是新南威尔士大学心理学荣誉教授。他是天狮集团的国际顾问。他曾获得多种奖项和荣誉，包括澳大利亚社会科学院研究员，澳大利亚公司董事协会成员，以及澳大利亚勋章。

Diplômé de l'Université du Queensland, Kevin Mc-Conkey est un professeur émérite de psychologie à l'Université de Nouvelle-Galles du Sud en Australie. C'est un conseiller international de la société Tiens. Il a reçu des prix et des honneurs en Australie. Il est aussi membre de l'Académie australienne des Sciences Sociales, membre de Australian Institute of Company Directors, et membre de l'Ordre de l'Australie.

致谢

Remerciements

我们非常感谢李金元先生与我们讨论并分享他的想法。我们也要感谢张可、杨学哲和李至斌的协助，帮助我们整理汇编李金元先生在演讲文稿和会议报告中的精彩论点与思想火花，感谢克里斯多夫·希迪准备传记摘要并审校英文，感谢尉明辉、杨学哲、李至斌、路茜、刘玉莹和张艳菁准备和审校中文，还要特别感谢阎玉鹏和路茜的协调配合。我们还感谢视觉共振设计工作室提供设计和插图，以及壹嘉出版和咨询公司的刘雁对出版物的整体编校和协调。

Nous sommes reconnaissants envers Li Zhibin, Yang Xuezhe et Zhang Kee de nous avoir aidé à trouver les observations de Li dans les discours et les présentations, envers Christopher Sheedy pour avoir préparé la brève biographie et étudié les expressions anglaises, et aussi envers Li Zhibin, Lu Xi, Liu Yuying, Yang Xuezhe, Michael Yu, et Zhang Yanjing pour avoir préparé et étudié les expressions de la langue chinoise. Nous souhaitons remercier spécialement Lu Xi et Yan Yupeng pour leur excellente coopération et leur important soutien. Nous voulons également remercier PanGo Vision pour le design et les illustrations et Liu Yan de 1 Plus Publishing and Consulting pour la révision et la coordination de la publication.

李金元小传

克里斯多夫·希迪

他以超凡的想象力创造了世界上最大的聚焦大健康产业的跨国集团之一。他白手起家,如今公司已经发展成为业务遍及190多个国家和地区,赢得4000多万家庭消费者信赖的跨国集团。亿万富豪企业家李金元先生以其独到的商业模式,激发了全球千千万万的创业灵感,带来事业机会。他的财富历程充满了坚定的决心,他的事业成功基于对人性的深刻理解与精准把握。这些独到的见解,使得李金元先生能够广泛汇聚他人参与到他的事业梦想。

Christopher Sheedy

Brève biographie de

Li Jinyuan

Un homme a imaginé et créé une des plus grandes organisations au monde dans le secteur de la santé. Tout seul, il a construit l'entreprise à partir de rien et c'est aujourd'hui une multinationale avec plus de 40 millions de clients à travers 190 pays. Aujourd'hui une inspiration pour des milliers de personnes dans le monde, l'entrepreneur milliardaire Li Jinyuan a trouvé son chemin dans le monde du commerce. Son parcours fut alimenté par une détermination sans faille et son succès repose sur une compréhension innée et profonde de la nature de l'Homme. Cette compréhension lui a donné la force d'impliquer les autres dans son rêve.

La route vers le succès n'était pas facile et il a fallu se battre, mais l'entrepreneur ne voyait pas d'autres moyens. L'aventure, dit-il, commença quand il était un jeune garçon grandissant dans un village rural pendant l'ère Mao Zedong en Chine. Même à cette époque, Li savait qu'il était né pour faire la différence, mais il ne savait pas encore comment. Même s'il avait une grande passion pour l'éducation, il a choisi de quitter l'école à l'âge de 14 ans et d'apprendre seul, dans la vie active.

成功的道路并不平坦，但企业家要获得成功没有其他道路，只有持续地奋斗。他的奋斗在他还是个大男孩的时候就已经开始，他成长于毛泽东时代的中国农村，他相信他注定会做出一番与众不同的大事业，尽管当时他并不明确知道这要如何实现。他渴望接受教育，但他还是在 14 岁时选择离开学校，在社会这所大学里继续学习成长。

　　他的第一份工作，是在国有企业从事石油开采，李金元先生的创业之火即将点燃。他回忆道："我花了几年时间，随工程队在中国各地开采石油。""但后来我被调到了行政后勤工作。我的工作是帮助改善工友的生活，我开始在中国各地采购商品。"

　　故事从一卡车油的贸易交换开始，通常他会把油运到沿海地区，交易新鲜捕获的鱼。有时候就运回鱼，或者有时候将鱼交易成面粉，面粉交易啤酒，啤酒交易自行车等。每次他带回的货物价值都比运出去的油价值高。这个年轻的采购谈判专家越来越得心应手。而事实证明，李金元先生非常擅长这项工作。

　　几年之后，他开始了自己的生意，在自由市场上开展贸易，积累了人生的第一桶金，并用这些资金在他的家乡河北省沧州周边兴建了几家工厂——面粉厂、塑料厂、蛋白粉厂，而这些只是他事业的刚刚起步。

Lors de son tout premier travail, l'exploration pétrolière avec une entreprise de l'Etat, le sens de l'entreprise de Li devient immédiatement apparent. « J'ai passé plusieurs années à voyager à travers la Chine avec une équipe et à creuser pour trouver du pétrole » rappelle-t-il. « Mais par la suite, on m'a offert un travail dans les ressources humaines. Ma mission consistait à contribuer à l'amélioration de la vie du personnel de l'entreprise, donc j'ai commencé à faire des échanges de biens entre plusieurs régions de la Chine. »

Il a commencé avec un camion de chargement de pétrole qu'il conduisait généralement jusqu'à la côte et échangeait contre des poissons fraîchement pêchés. L'échange pouvait se terminer là ou alors les poissons pouvaient être échangés contre des bières, puis les bières contre des vélos, et ainsi de suite, tant qu'il revenait avec plus que ce qu'il avait au départ. Le jeune négociateur faisait simplement son travail et il s'est avéré que Li était très doué.

Il prit la tête de l'entreprise quelques années plus tard. Il échangeait des biens sur le marché ouvert et gagnait une petite fortune qu'il utilisa pour construire plusieurs usines près de sa ville natale Cangzhou, dans la province de Hebei. Ses usines produisaient de la farine, des pièces en plastique et des produits protéinés, mais ce n'était que le début pour lui.

Li a vu une nouvelle opportunité : la création d'une entreprise qui serait directement bénéfique pour la santé

后来，李金元先生意识到一个新的市场机遇，那就是创造一个直接利于广大消费者健康的产业（如李金元先生所说，生活失去健康，就等于地球没有太阳）。天狮集团应运而生，他的第一款产品是骨骼强化营养配方的高钙素（目前仍然是天狮最畅销的拳头产品）。

伴随他深爱的中国经济飞速发展，他的事业版图也迅猛扩张。然而，李金元先生从来没有忘记他对教育事业的热情，也从没忘记他要改变世界的初心，所以在他刚刚有能力付诸行动的时候，他就毅然在自己的家乡沧州，为当地的孩子们修建了两所全新的学校，改善当地教育条件。此后，他在中国和世界各地，资助援建了超过 100 所学校。

随着天狮集团的事业改善全球数千万家庭的健康水平并提升生活质量，李金元先生还将其业务版图延伸至教育事业。他创建了招收 6000 名学生规模的天狮学院，这是目前天津唯一的私立本科高等教育机构。2017 年，李金元先生的教育梦想将再次升级，他将兴建一所可容纳 30000 名学生的新的大学校园。

一路走来，李金元先生不断将财富与众多全心支持天狮事业的人们分享。截至目前，李金元先生及天狮集团在教育、医疗、灾害救助、公益组织、慈善机构、扶贫项目等方面资助的爱心款物超过 15 亿元人民币(超过 2.3 亿美元)，李金元先生也因热衷慈善事业而闻名。

de ses clients (selon Li, la vie sans une bonne santé « est égale à une terre sans soleil »). C'est ainsi que la société Tiens est née. Son premier produit (et toujours son best-seller) est une formule nutritionnelle qui renforce les os, connue sous le nom de Super Calcium Powder.

L'économie de sa Chine bien aimée grandissait, tout comme son entreprise. Mais Li n'a jamais oublié sa passion originelle pour l'éducation ou sa volonté de changer le monde. Dès qu'il en fut capable, il retourna dans sa ville natale Cangzhou et y construisit une nouvelle école pour les enfants. Il a depuis financé la construction de plus de 100 écoles en Chine et dans d'autres pays.

Le groupe Tiens a commencé à avoir un effet positif sur la santé de millions de personnes dans le monde. Li a aussi dirigé l'entreprise dans la direction de l'éducation. Il a ouvert l'Université Tianshi, un établissement pouvant accueillir 6000 étudiants et la seule institution privée d'enseignement supérieur. En 2017, le rêve de Li concernant l'éducation a encore fait un pas en avant avec le développement d'un nouveau campus universitaire capable d'enseigner à plus de 30 000 élèves chaque année.

Tout au long de son parcours, Li a partagé sa richesse avec ceux qui ont apporté leur soutien aux causes qui sont chères à ses yeux. Aujourd'hui célèbres pour leur générosité, Li et le groupe Tiens ont donné plus de 1,5 milliards de RMB (plus de 230 millions de dollars) à des

"想象如何改善人们的生活，是我童年最美好的记忆。"李金元先生说，"如今我有能力付诸实施，这就是我梦想的实现。"

"每当我看到人们痛苦、饥饿的时候，我感同身受。当我还是孩子的时候，我就曾把我的饼干分发给穷苦的小伙伴，因为当我看到他们的苦难，我的心里就感到非常的沉重，因此每个月我都向穷困的人分发饼干。"

"我的美好记忆都是关于自我激励，坚信我可以改变世界让其更美好，而我不好的回忆都是来源于他人的痛苦。创办企业的经历，让我能在改善别人的生活上发挥更大的作用。"

李金元先生对人性的驱动力的独特见解，从幸福到遗憾，从参与到冷漠，从胜利到悲观，都为他非凡的成功提供了动力。在这本书中，李金元先生分享了他近半个世纪的商业和慈善成就所获得的智慧、知识和经验，希望您有所收获。

只要你相信，他说，你就会获得幸福，感恩和希望。别无他途。

écoles, des hôpitaux, des victimes de catastrophes, des associations, des personnes et des familles dans le besoin.

« Mes meilleurs souvenirs d'enfance sont les fois où j'imaginais comment je pouvais faire pour améliorer des vies » explique-t-il. « Je suis maintenant capable de cela, c'est la réalisation de mon rêve. »

« J'ai vu des gens souffrir, des gens mourir de faim. Quand j'étais petit, je donnais mes gâteaux aux gens pauvres car quand je voyais ces personnes souffrir, c'était psychologiquement lourd pour moi. Chaque mois, j'essayais de distribuer des gâteaux aux pauvres. »

« Donc mes bons souvenirs concernent l'auto-motivation, quand je pensais que je pouvais changer les choses. Mes mauvais souvenirs se rapportent aux fois où je voyais les autres souffrir. Mon parcours en tant qu'entrepreneur m'a permis de faire la différence sur une plus grande échelle. »

Les connaissances approfondies de Li dans les domaines de la nature humaine, du bonheur au regret, de l'engagement à l'apathie et du triomphe à la tragédie, ont alimenté son succès phénoménal. Pour votre plaisir, dans cet ouvrage, le président Li partage sa sagesse, ses connaissances et son expérience gagnées durant presque un demi-siècle de commerce et de projets humanitaires.

« Si vous y croyez » dit-il, « vous atteindrez le bonheur, la gratitude et l'espoir. Rien d'autre n'est plus important. »

目录

SOMMAIRE

文化 Culture 34	家 Maison 35	爱 Amour 36	幸福 BONHEUR
孩子 Enfants 37	快乐 Bonheur 39	和谐 Harmonie 40	
沟通 Communication 41		同情心 Compassion 42	
感恩 Reconnaissance 43	家庭 Famille 44	改变 Changement 45	
独处 Seul 46	希望 Espoir 48	助人 Aide 49	
欲望 Désir 50		遗憾 Regret 51	
仪式 Cérémonie 52	谅解 Pardon 53	平凡 Ordinaire 54	
妥协 Compromis 55	慈善 Charité 55	目标 Objectif 56	
晚年幸福 Bonheur quand on est vieux 59		牺牲 Sacrifice 60	
年轻人 Les jeunes 61	悔恨 Haine 62	自私 L'égoïsme 63	
海洋 Océan 64	慷慨 Généreux 65	马 Cheval 67	

财富 FORTUNE	**尊重** Respect 70	**创新** Innovation 71	**贫穷** Pauvreté 72
	能量 Pouvoir 73	**逆境** Adversité 74	**金钱** Argent 75

成功 Succès 76	**努力** Effort 77	
命运 Destin 78	**勇敢** Bravoure 78	**挑战** Défi 79
财富 Richesse 80	**团队** Equipe 81	**领导力** Leadership 81
历史 Histoire 82	**决定** Décision 84	**腐败** Corruption 85
龙 Dragon 86	**动力** Motivation 87	**前进** Progrès 88

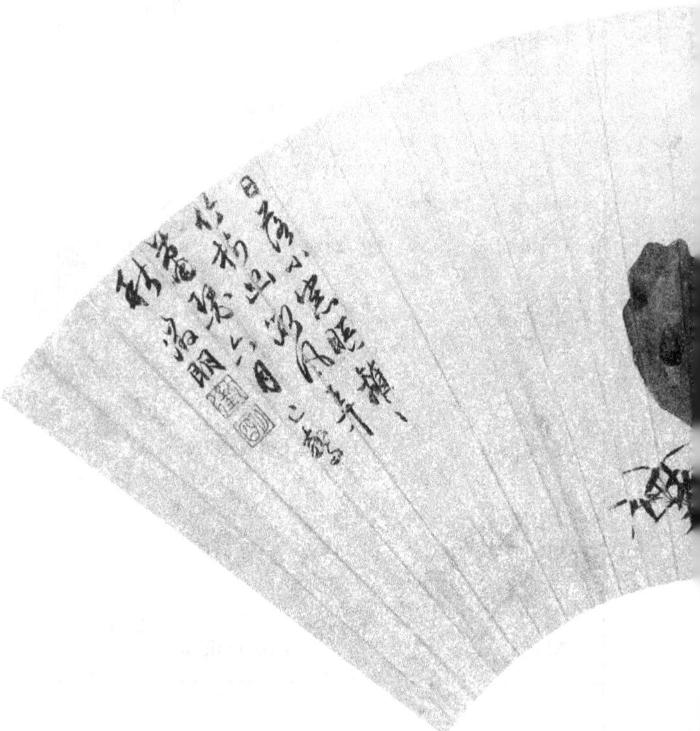

Dynastie Ming
Wen Zhengming
Cyprès, Bambou et Roche

Wen Zhengming était un représentant
du genre Wu de la Dynastie Ming. Il
a un style élégant qui résonne dans la
longue histoire de la tradition chinoise.

风格清雅秀丽。

文征明是明代吴派的代表画家，

《古柏竹石图》◎ 明 ◎ 文征明

第一部

健康

I

SANTÉ

4

力量

感恩令人强大有力。如果你的周遭没有爱，你也不能给予爱，你就是个失败者。有了爱和感恩这样的积极力量，才能有积极的态度，引领你走向完美与强大。

FORCE

Vous êtes fort et en bonne santé quand vous êtes reconnaissant. Quand il n'y a pas d'amour autour de vous et quand vous ne donnez pas d'amour aux autres, vous perdez. Quand vous avez ce vrai élément d'amour et de gratitude, vous gagnez de plus en plus de force. Ces forces positives mènent à une attitude positive et parfaite de la force et de la bonne santé.

睡眠

坦诚的心和良好的睡眠让我们能更好地面对困难，应对生活的挑战，享受生活中的美好时光。积极的态度和良好的睡眠是帮助你恢复的最好途径。当你醒来的时候，你会有更好的态度去面对世界，充满活力地前行。

SOMMEIL

Un cœur ouvert et un bon sommeil nous permettent de faire face aux difficultés, d'avoir la capacité de gérer les défis de la vie et d'apprécier au mieux les bons moments. Une attitude positive et un bon sommeil sont les meilleures façons de récupérer après un défi. Quand vous vous réveillez, vous avez une meilleure attitude pour faire face au monde et avancer de façon dynamique.

6

老年

在中国，六十岁是生命中的一个重要节点，既是迈向老年，也是新生，因为你正在跳转到生命的下一个周期（新的甲子）。你的心态应当回到初始。在许多方面，你再次年轻，有很多机会。所以『老年』亦是一个全新的开始。

VIEUX

En Chine, arriver à 60 ans est une étape importante de la vie. C'est vieux, mais c'est aussi jeune parce que vous passez maintenant dans le prochain cycle de la vie. Donc votre mentalité repart à zéro. D'une certaine façon, vous êtes à nouveau jeune avec beaucoup d'opportunités devant vous. Donc devenir « vieux » est comme un nouveau départ.

安康

幸福对我们所有人都是必不可少的，健康的个体则是社会进步的必要条件。如果人们不健康，社会就不能前进。健康对于我一直是头等大事，不仅因为我从事医疗保健行业，更因为健康是个人和社会进步的重要基石。

BIEN-ÊTRE

Le bien-être est essentiel pour tout le monde, mais la personne en bonne santé est aussi essentielle pour le progrès social. Si les gens ne se sentent pas bien, la société ne peut pas avancer. La santé est toujours ma priorité numéro une, non seulement parce que je travaille dans le domaine de la santé, mais aussi parce que la santé est une composante essentielle du progrès individuel et social.

诚实

健康的人应该是一名诚实的人，不诚实是不健康的。我们都需要诚实地面对自己，真实地了解自己。然后，我们要对他人敞开心扉，不要对他人有任何的欺瞒。诚实会带来尊重和身心的健康幸福。如果别人不诚实，我们也许很难做到诚心以对，但要让你自己超乎于那些不诚实的人之上。

HONNÊTETÉ

Une personne en bonne santé est une personne honnête. Etre malhonnête n'est pas sain. Nous devons tous être honnêtes d'abord avec nous-mêmes. Nous devons ensuite être ouverts aux autres et ne rien cacher. L'honnêteté apporte du respect et un sentiment de bien-être. Il peut parfois être difficile d'être honnête si les autres ne le sont pas, mais pensez toujours à vous élever au-dessus de ceux qui n'ont pas la valeur de l'honnêteté.

出生

出生是独立个体生命的开
始。人们赤条条来，赤条条
去，但在生死之间，人是有
使命的。使命有时是由人自
己定义，有时是由他人定
义。有人生来即肩负使命，
有人却生活得毫无目标，浑
浑噩噩。健康的人会努力寻
找使命、目标，获得对生命
的理解。

NAISSANCE

La naissance est le début d'une vie indépendante. Les gens sont nés avec rien et mourront avec rien. Mais entre les deux, nous avons une mission qui est parfois définie par nous-mêmes et parfois par les autres. Certaines personnes sont nées pour réaliser une mission. D'autres sont nées mais n'ont jamais, ou ne développent jamais de mission ou de but. Ils complètent seulement l'espace entre leur naissance et leur mort avec du temps. Les gens en bonne santé luttent pour trouver leur mission, leur but, leur compréhension de la vie.

Moderne
La statue du lion de Cangzhou

L'œil de la statue du lion fixe quelque chose, comme s'il surveillait sa communauté. L'image simple et puissante montre la force, la fierté et l'insigne du roi.

沧州铁狮 ◎ 现代

铁狮气势恢宏，目光炯炯，似乎在为他的群体守望，古朴高大的形象诠释了坚毅、威猛、正义的王者气度。

狮子

狮子是百兽之王，是勇气和力量的象征。狮王是领导者、提供者、保护者，它的威严令人敬畏。

LION

Le lion est le roi des animaux. C'est le symbole du courage et de la force. Le lion est le leader, le fournisseur, le protecteur et celui qui promeut la fierté de la communauté.

長洲文徵明寫像

《老子像》◎ 明 ◎ 文征明

文征明是明代大家，诗文书画无一不精。他的老子像，细腻严谨，气度沉静。

Dynastie Ming, Wen Zhengming, **Lao Tsu**
149 × 24cm

Wen Zhengming était connu pour ses poèmes, essais, calligraphies et peintures. Cette peinture a été réalisée méticuleusement et exprime une grande sérénité.

有智慧的人生是勇敢的人生。智慧带来适应力、人际关系技巧和对周围环境和周围人的理解。但只有智慧本身是不够的，将智慧与勇气，人际关系技巧和战略眼光结合在一起，才是非凡而强大的。

智慧

SAGESSE

Une vie pleine de sagesse est une vie audacieuse. La sagesse apporte la persévérance, les compétences relationnelles et une compréhension de votre environnement et des personnes autour de vous. Mais la sagesse seule n'est pas suffisante. L'audace, les compétences relationnelles et la vision stratégique sont très puissantes si elles sont combinées à la sagesse.

死亡

死亡是生命中不可回避的一部分，不可怕也不值得担心。但我们应该思考我们死后会留下什么。有些人为后代留下了丰富遗产，有些人除了孩子，没有留下任何遗产。我们都应该尽力为我们的后辈留下宝贵的遗产。

MORT

La mort est une étape naturelle de la vie. Elle ne doit pas être crainte ou sujette aux inquiétudes. Cependant, nous devons penser à ce que nous allons laisser lorsque nous mourrons. Certaines personnes meurent avec un héritage important pour les générations futures. D'autres meurent sans laisser aucun héritage, à part peut-être, la naissance d'enfants. Nous devrions tous essayer de laisser un héritage de bonnes œuvres à ceux qui nous succèdent.

抑郁

压力感、个人压力、社会压力、工作压力、无助感、无法应付压力都会导致短期或长期的抑郁。重要的是不管是孩子还是成年人，都要学会面对压力，进而避免沮丧的情绪。

DÉPRESSION

Une sensation de pression, une pression personnelle, une pression sociale, une pression liée au travail, un sentiment de se sentir impuissant, de ne pas être capable de faire face aux pressions et tout cela peut aboutir à une dépression de courte ou longue durée. Lorsque nous sommes enfants ou en tant qu'adultes, il est essentiel d'apprendre à gérer les pressions rencontrées pour éviter au maximum la dépression.

威胁

生命中最大的威胁不是疾病，而是不能保持身体健康。健康是人类最大的财富。如果失去健康，相当于地球没有太阳。我致力于人类的健康事业，我们用勤劳的双手托起生命的太阳。

MENACE

La plus grande menace de notre vie n'est pas la maladie, mais plutôt le fait de ne pas rester en bonne santé. La santé est la plus grande richesse de l'Homme. Si nous ne sommes pas en bonne santé alors c'est comme la Terre sans le soleil. Je suis très engagé dans le domaine de la santé et nous devrions tous travailler dur pour avoir une bonne santé.

世界

在这个时代，我们每个人都
应该具备世界眼光。用世界
眼光来看待自己，理解我们
在世界上的位置和贡献，同
时保持好奇心，对于不同事
物乐于去学习和理解，并尽
力帮助我们的社区、我们的
国家和我们的世界，这是精
神健康的一部分。

MONDE

A notre époque, nous devrions tous regarder le
monde et essayer de comprendre notre place et notre
contribution dans ce monde. Cela contribue à la bonne santé mentale de s'intéresser à plusieurs choses, de
continuer à apprendre et à comprendre, et de faire ce
que l'on peut, autant qu'on le peut, pour aider notre
communauté, notre pays et notre monde.

骄傲

我们应该为自己的成就感到骄傲，但不要太骄傲，因为过于骄傲会使我们变得心胸狭隘，这对心灵的健康无益。值得我们为之骄傲的是我们能够以我们的方式帮助他人，同时，我们也应该为得到他人的帮助而骄傲和感激，这才是衡量健康生活方式的真正标准。我最大的骄傲是，我能感受到爱，创造爱和传播爱。

FIERTÉ

Nous devrions être fiers de nos accomplissements, mais pas trop fiers car cela nous rendrait étroits et malsains d'esprit et de cœur. Nous devrions être fiers d'aider les autres, puisque faire des choses pour les autres est meilleur que les faire pour nous-mêmes. Et nous devrions être fiers et reconnaissants quand les autres nous aident parce que c'est la vraie mesure d'une relation saine. Je suis le plus fier lorsque je ressens de l'amour, je crée de l'amour et je répands de l'amour.

食物

食物是健康生活的基本燃料。正确的食物带来正确的生活态度，给生命以活力。错误的食物会导致消极的思想和感受，导致思想和身体上的疾病。我们必须明白食物的重要性，并努力选择有助于让我们不断进步、成长的食物。

NOURRITURE

La nourriture est le carburant essentiel de la vie saine. La bonne nourriture crée la bonne attitude de vie et donne de l'énergie pour la vie. La mauvaise nourriture peut conduire aux pensées et aux sentiments négatifs ainsi qu'à la maladie du corps et de l'esprit. Nous devons tous comprendre l'importance de la nourriture et faire notre possible pour choisir la nourriture qui fait de nous de bonnes personnes.

环境

无论居住或工作，你都需要一个良好和健康的环境。健康的环境能帮助你保持身体的健康，帮助你建立和维护良好的人际关系，更有效率地工作，更好地享受生活。我们都是环境的一部分，我们必须承担自己的责任，改善环境，使其可持续发展，而不能破坏环境，那是将来会后悔的事情。环境也是我们留给子孙后代的遗产。我们必须努力保护好这份遗产并移交给他们。

ENVIRONNEMENT

Peu importe où vous vivez ou travaillez, vous avez besoin d'un environnement bon et sain. Vous avez besoin d'un environnement qui vous aide à rester en bonne santé, à parler et à rencontrer d'autres personnes, et à faire des choses agréables et productives. Nous faisons tous partie de l'environnement et nous devons tous prendre des responsabilités pour l'améliorer et l'influencer positivement. Nous devons aussi regarder le futur et rendre l'environnement durable pour être sûr de ne pas faire des choses dans l'immédiat que nous regretterons dans le futur. L'environnement est un patrimoine que nous passons aux générations futures. Nous devons travailler pour améliorer cet héritage pour elles.

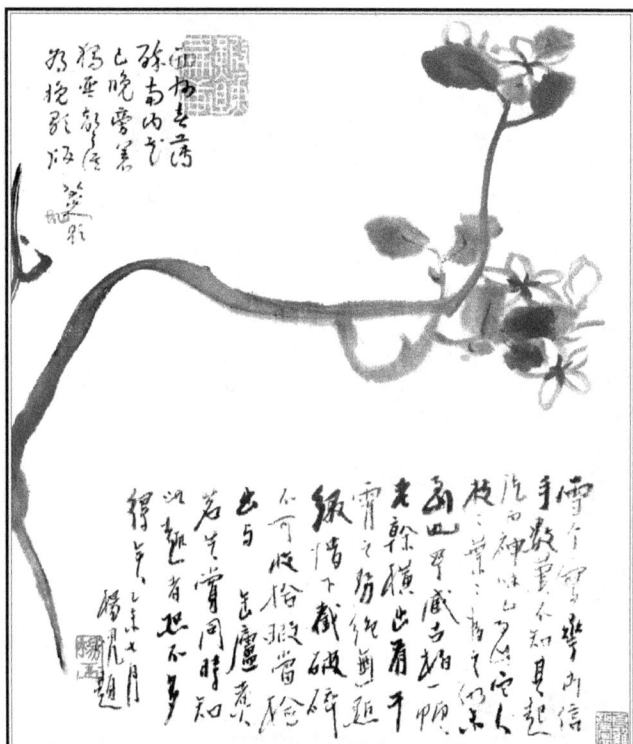

Dynastie Qing
Bada Shanren
Jasmin

31.5 × 28cm
L'art de Bada Shanren montre
la caractéristique de passer du
figuré à l'abstrait et du tradi-
tionnel au moderne.

从传统到现代的鲜明特点。

八大山人的艺术表现出从具象到抽象，

《茉莉花图》◎清◎八大山人

信念

信念是一种强大而健康的力量。信念是你对目标的承诺，是你做事的动力和信心的源泉。你需要检查你的信念是否有良好基础，错误的理念会把人引入歧路。信仰会带来信心，帮你、也帮助你生活中的其他人获得成就。

FOI

La foi est une force puissante et saine. C'est votre engagement vers un objectif. La foi est la source de motivation et de confiance dans ce que vous faites. Vous devez vérifier que votre foi a de bonnes bases et qu'elle ne va pas vous mener vers de mauvaises choses. La foi nourrit la confiance dont vous avez besoin pour accomplir de bonnes choses dans votre vie et celle des autres.

坚韧

这是我们忍耐和坚持的能力。有些人很有韧性，但有些人不是。在生活中保持一个明确的目标，你就会有韧性，你会充满希望地努力实现目标，不会被不相关的事情所打扰。

RÉSISTANCE

C'est notre capacité à endurer et à persister. Certaines personnes sont très résistantes alors que d'autres ne le sont pas. Les gens peuvent devenir résistants en ayant un objectif de vie précis, en croyant à cet objectif et en faisant les efforts nécessaires pour l'atteindre sans être distrait par les choses qui peuvent s'immiscer entre vous et votre objectif.

责任

有责任感是一种健康的状态。人应该有梦想，懂得感恩。而梦想和感恩创造了责任感，让我们走向成功和懂得回报社会。在我年轻的时候，当我看到穷人我会感同身受非常难过，我尽力去帮助他们。当我长大了，我意识到我的事业可以帮助实现我童年的梦想。

RESPONSABILITÉ

C'est sain d'être responsable. J'ai un rêve dans la vie et je sais comment être reconnaissant. Ensemble, un rêve et la gratitude peuvent créer un sentiment de responsabilité pour réussir et rendre aux autres. Quand j'étais jeune, cela me brisait le cœur de voir les pauvres et j'ai essayé de les aider. Quand j'ai grandi, j'ai réalisé que mon entreprise pouvait réaliser mon rêve d'enfance. Alors que mon entreprise devenait de plus en plus

随着我的生意越来越大，我开始捐款来帮助人们。但后来我意识到，捐钱并不是唯一的帮助方式。更重要的是要倡导更多的人参与对社会的共同承诺，承担帮助他人的责任。这就是我不断追求的。我认为，财富越多，帮助别人的责任就越大。

grande, j'ai compris que je pouvais faire des dons pour aider les gens et les communautés. Mais j'ai ensuite réalisé que donner de l'argent n'était pas la seule manière d'aider. Il est aussi important de convaincre plus de personnes de s'impliquer dans la société, de prendre la responsabilité d'aider les autres. C'est ce que je continue de faire. Je pense que plus on a de l'argent, plus on doit aider les autres de différentes façons.

恐惧

恐惧主要是对自己缺乏信心，或对自己处理不同情况的能力缺乏信心。如何克服恐惧？你要全神贯注于你的梦想，始终清楚地知道你的目标是什么，并努力获得他人的支持。当你有一个真正的梦想，并且努力为之奋斗，而且你懂得感恩，那么，你也就有了自信。梦想、感恩、责任和使命感会让你远离恐惧，使你成为一个身心健康、胸襟开阔、意志坚强的人。

PEUR

La peur est en grande partie un manque de confiance en soi ou en sa capacité à faire face à différentes situations. Vous surmontez la peur en vous concentrant sur votre rêve, en obtenant du soutien auprès des autres, en étant très clair sur votre rêve et votre objectif. Lorsque vous avez un véritable but dans lequel vous vous investissez et que vous savez comment être reconnaissant, alors vous savez comment être confiant. Le rêve, la gratitude, la responsabilité et le sentiment de mission vont éloigner la peur. Ces choses peuvent faire de vous une personne saine avec un cœur ouvert et fort.

27

衰老

衰老是一个自然循环的过程。你不可能对抗这个循环。但无论你身处这个循环中的哪个位置，你都可以找到你的健康和福祉。坚实的经济基础，良师益友，目标感，会在你年老的时候给你一个安身立命之地，也会让你有条件去帮助处于这个循环中不同位置的他人。

VIEILLISSEMENT

Le vieillissement est un cycle naturel. Vous ne pouvez pas combattre ce cycle. Mais vous pouvez trouver votre équilibre de santé et de bien-être indépendamment de votre position dans ce cycle. Avoir suffisamment d'argent, de bons amis et un sens du devoir vous donneront une bonne place dans le cycle de la vie quand vous vieillissez. Tout cela vous permettra également d'aider les autres qui se situent à différents moments dans le cycle de la vie.

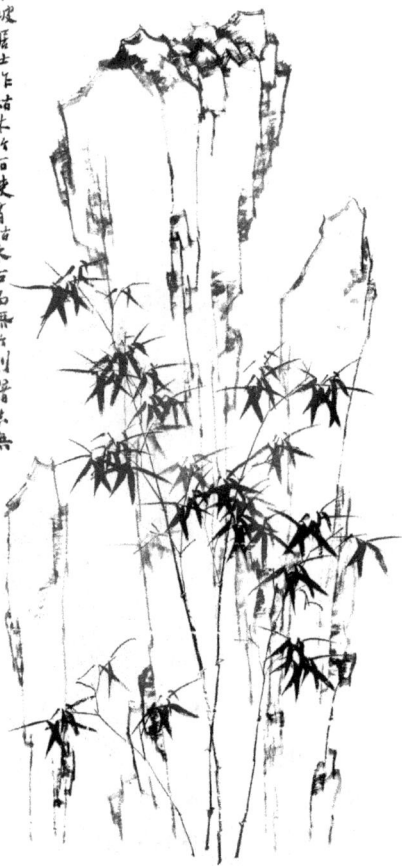

《竹石图轴》◎清◎郑板桥

郑板桥一生只画竹、兰、石，这是他的代表作之一。在中国传统文化中，竹代表正直，兰代表高洁，石代表坚定。

Dynastie Qing, Zheng Banqio, **Bambou et Roche**
217.4 × 120.6cm

Zheng Banqio n'a peint que des bambous, des orchidées et des rochers toute sa vie. Dans la culture chinoise, le bambou représente l'intégrité, l'orchidée représente l'élégance et le rocher représente la constance.

我希望两百年后，人们依然记得我的名字，他们会说，这个人帮助很多人提高了生活水平，改善了健康状况，并且帮助他们实现了人生目标。

二百年后

DANS 200 ANS

J'espère que dans 200 ans quand ils se rappelleront de mon nom, les gens diront que j'ai contribué à l'amélioration des conditions de vie, à l'amélioration de la santé et que j'ai aidé beaucoup de personnes sur plusieurs générations à atteindre leur objectifs dans la vie.

给孩子的箴言

人要有目标、有梦想。我鼓励孩子们做梦，给自己设定目标。更重要的是，要制定计划来实现目标。要让梦想成真，还要不断地对计划进行调整、改进、革新。要做自我评估和自我批评。要学习知识，并能够运用。我会告诉孩子，只要你制定计划，不断学习，不断努力去实现，一切都是可能的。最后，还要有一颗开放、感恩的心，和好朋友们。

CONSEIL POUR UN ENFANT

J'encourage un enfant à avoir un but et un rêve dans la vie. Cependant, je conseille fortement qu'il ou elle développe aussi un plan pour savoir comment atteindre ce but. Pour réaliser un rêve, vous avez besoin d'un plan que vous allez ajuster, améliorer et faire évoluer en permanence. Vous devez toujours faire des auto-évaluations et des autocritiques. Vous devez obtenir plus de connaissances, apprendre plus et appliquer ces nouvelles connaissances. Je dirais à cet enfant que tout est possible avec un but, un plan, des connaissances et des efforts. Emballez le tout avec un cœur ouvert, de la gratitude et des amis proches.

教育

我年轻的时候曾盼着我们的村子有所好学校。那时我就意识到，教育能带来改变，改变我们村子以及村民的未来。教育是通向美好未来的唯一途径，教育是国家繁荣发展的基石，也是个人成功和幸福的基础。服务国家、回报社会的最佳途径就是促进教育事业的发展。

EDUCATION

Quand j'étais jeune, je voulais une bonne école dans mon village. Je savais déjà à cette époque que l'éducation signifiait le changement. Elle représentait un futur pour les gens de mon village. L'éducation est la seule manière de trouver un meilleur futur. La meilleure manière de servir un pays et de redonner à la société est de promouvoir le développement de l'éducation. L'éducation est la base de la prospérité nationale et du développement, en plus de la prospérité individuelle et du bonheur. L'éducation et le savoir sont la véritable santé et la vraie richesse du peuple et des pays.

第二部

幸福

II

BONHEUR

文化

文化有很多种含义。它可以是你的个人修养和教育，它可能是一种文明和一个社会的行为方式，以及一个国家的价值观。这两种理解都至关重要，而且会随着时间的推移和社会的进步而改变。我们都应努力去发现和发展那些有益于我们和社会的文化、价值观以及行为方式。

CULTURE

La culture a plusieurs significations. Ce peut être votre culture et votre éducation personnelle, menant à une meilleure compréhension de votre place dans le monde. Ce peut être la manière dont la civilisation et la société se comportent et les choses précieuses d'un pays. Ces deux définitions sont importantes et changent avec le temps et les différentes sociétés. Nous devrions tous essayer de trouver et de développer la culture, les valeurs et les comportements qui sont bons pour nous et pour la société dans laquelle nous vivons.

家

家是幸福所在，其中很重
要的一部分是家庭成员对
彼此的尊重，尤其是对长
辈。中国文化博大精深，但
最基本的就是孝敬父母。懂
得尊重和感恩才能为家庭
贡献力量。不懂感恩，便无
法谈及回报家庭乃至奉献社
会。如果父母孝敬自己的长
辈，言传身教之下，孩子
们也会耳濡目染。这便是
通过尊重和感恩来营造幸
福家庭的方法。

MAISON

Le bonheur peut être trouvé à la maison et le plus important est que chaque membre de la famille se respecte mutuellement, surtout les aînées. Dans la culture chinoise, le respect pour les parents est essentiel. Pour être capable de contribuer au foyer, vous devez être respectueux et reconnaissant. Si vous ne savez pas comment être reconnaissant, vous ne pouvez pas aider votre famille ou contribuer à la société. Les enfants apprennent lorsqu'ils voient leurs parents se montrer respectueux envers leurs propres parents. C'est la manière de créer un foyer heureux à travers le respect et la gratitude pour tous.

爱

就像父母对孩子无私的爱，
我们爱自己的父母和家人也
都应不求回报。抚养和教育
孩子时理应如此。在中国，
「爱」有很多深刻的含义，
包括对家庭的爱，对社会和
国家的爱。没有「大家」哪
有「小家」。感恩是创造爱
的一个重要组成部分，生活
因感恩而美好。

AMOUR

Aimez vos parents et aimez votre famille sans rien demander en retour, parce que l'amour que les parents ont pour leurs enfants ne demande rien en retour. C'est ainsi que vous élevez vos enfants et que vous les aidez à apprendre. En Chine, l'amour a de nombreuses significations importantes. Vous aimez votre famille, vous aimez la société dans son ensemble et vous aimez votre pays. Sans une « grande famille », vous ne pouvez jamais avoir une « petite famille ». Etre reconnaissant est une partie très importante de l'amour. Si nous sommes tous reconnaissants les uns envers les autres, la vie est parfaite.

孩子

孩子是祖国的未来和幸福的源泉。在毛泽东主席领导下，中国走上现代化发展道路，激发了人民的自豪感；随着邓小平同志改革开放政策的提出，人们开始积极创业，塑造未来。这一改革进程持续了很长时间。孩子是祖国的未来和希望，所以教育至关重要。接受良好教育的人决定国家的未来，未接受教育的孩子，将会成为国家的负担。孩子是民族未来的希望，关键在于教育。

ENFANTS

Les enfants représentent le futur et le bonheur de la Chine. Quand le président Mao Zedong a créé le processus de développement de la Chine moderne, le peuple a commencé à gagner de la fierté. Avec la réforme économique de Deng Xiaoping, le peuple a commencé à être motivé pour créer des entreprises, ce qui a aidé à modeler notre futur. Ces processus ont pris beaucoup de temps. Les générations ont contribué les unes après les autres. Les enfants ont été et sont toujours le futur de la Chine. Les personnes éduquées représentent le futur de ce pays. Les enfants qui ne sont pas éduqués deviendront des fardeaux pour le pays. Les enfants sont l'espoir du futur et le souhait de l'enfant est l'éducation.

《荷花翠鸟图》○清○八大山人

作为明朝皇室宗亲，生活在满清统治之下的八大山人以遁世和孤傲的姿态表达自我。他的画便是他的心志的写真。

Dynastie Ming, Bada Shanren, **Lotus et Canards**
121 × 66cm

En tant que membre royal de la Dynastie Ming, Bada Shan Ren a choisi de s'échapper de la Dynastie Qing pour prendre du recul par rapport aux temples et à sa vie. Ses peintures montrent exactement sa vision du monde.

快乐

快乐与欲望息息相关。简约的生活欲望很容易让人知足常乐，追求的过多，便很难得到快乐，因为总有一些事情是遥不可及的。对于我来说，快乐很简单。因为我总是尽力去帮助别人，这是我真正快乐的源泉。

BONHEUR

Le bonheur est lié au désir. Si vous ne désirez pas beaucoup de choses, alors vous pouvez facilement être heureux. Si vous désirez beaucoup de choses, alors il peut être plus difficile pour vous d'être heureux dans la vie parce qu'il y a toujours quelque chose hors de votre portée. Pour moi, c'est très simple : j'essaie toujours d'aider au mieux les autres parce que c'est ainsi que je trouve mon véritable bonheur.

和谐

我们都向往和追求和谐，这样才能舒适而温馨地生活、工作，获得共同进步。和谐是建立在互相信任的基础上，并能带给我们成功与幸福。团结协作，和谐共处。合作的力量是无法抗拒的，它存在于人类生活、爱情和工作的方方面面。

HARMONIE

Nous recherchons tous l'harmonie pour le confort et la convivialité de vivre, de travailler et d'aller de l'avant ensemble. Quand les gens se font confiance, ils trouvent l'harmonie. Cette harmonie apporte succès et bonheur. Le travail d'équipe et l'harmonie créent la cohésion et celle-ci crée le travail d'équipe et l'harmonie. Le fait d'être ensemble peut constituer une force irrésistible dans la vie, en amour, au travail et dans plein de choses qui comptent pour nous en tant qu'êtres humains.

沟通

成功的沟通是真心换真心，
真情换真情，真爱换真爱。
良好的沟通可以弥合人与社
会之间的很多认识鸿沟。通
过沟通和语言技巧来展示一
个人的思维方式以及诚信和
态度。我们都应善于倾听，
理性思考，并开诚布公地尽
情表达自己。

COMMUNICATION

Une communication réussie vient du cœur, dit la vérité et transmet de l'amour. Une bonne communication
peut combler les écarts entre les gens et les sociétés.
La communication et les compétences en langue
montrent comment une personne pense ainsi que son
honnêteté et son attitude. Nous devrions tous essayer
de nous exprimer ouvertement et d'être bon en ma-
tière d'écoute et de pensée rationnelle.

同情心

施展同情心要根据情况而定。毫无能力、时运不济的弱势群体值得同情，有些人的无心之过可以怜悯。感同身受，怀有同情心有时是好事，但同情心不能泛滥，如果是因为自作自受而身处困境，那便不值得同情。

COMPASSION

L'expression ou non de la compassion devrait dépendre de la situation. Vous pouvez montrer de la compassion pour les personnes qui sont plus faibles que vous, qui n'ont pas eu d'opportunités et dont vous comprenez le tourment. Ou vous pouvez compâtir pour les personnes qui ont fait une erreur involontaire en ressentant leur douleur. Il est parfois bon de ressentir la compassion. Mais parfois, la compassion ne devrait pas exister, même si l'autre personne est dans une mauvaise situation, surtout si elle s'est mise dans cette situation toute seule.

感恩

感恩是人类的基本原则。感
恩是做好事的动力源泉，也
是快乐的本质。人们必须要
学会感恩。感恩也意味着回
报父母和奉献社会。滴水之
恩当涌泉相报，这才是我们
要表达的感恩和要寻找到的
真正快乐。

RECONNAISSANCE

Etre reconnaissant est un principe basique de l'Homme.
Cela peut être une motivation, une force pour faire
le bien dans le monde et peut constituer l'essence du
bonheur. Les êtres humains doivent apprendre à être
reconnaissants. Le fait d'être reconnaissant signifie
aussi le don en retour : rendre aux parents ou à la société. Si on vous donne un peu d'eau, alors vous devez
rendre la rivière entière. Voilà comment montrer de la
reconnaissance et comment trouver le vrai bonheur.

家庭

家庭，包括你的原生家庭和你与别人一起创建的家庭，子孙后代创建的家庭，都是命运的一部分，创造幸福的一部分。家庭是我们的传承和珍宝，它决定了你在人类历史中的地位。

FAMILLE

La famille fait partie de notre destinée, de notre bonheur et cela inclut la famille d'où l'on vient, la famille que l'on crée avec les autres et les familles qu'ils créeront à leur tour. Les familles sont notre héritage et notre patrimoine. Les familles vous placent dans l'histoire de la vie humaine.

改变

根据你在各个阶段的生活和需要承担的责任，人们应该时刻改变，学习新知识，挑战新事物。生活就是要不断成长、挑战、探索和创造，在探索和成就中感受幸福。

CHANGEMENT

Selon le moment de leur vie et leurs responsabilités, les gens devraient perpétuellement changer, apprendre quelque chose de nouveau, faire quelque chose qu'ils n'ont jamais fait auparavant. La vie est composée de croissances, de changements, d'explorations et d'accomplissements. Le bonheur peut être atteint grâce à ces activités essentielles de l'Homme.

独处

对这个词语，不同的人会有不同的理解。但每当我独自一人时，我感到安宁、舒适和平静。我希望别人也如此。

SEUL

C'est un grand mot avec beaucoup de significations. Mais quand je suis seul, je me sens en paix. Je me sens confortable et paisible. J'espère que c'est pareil pour les autres.

《独立睥睨图》◎清◎八大山人

八大山人笔下的动物，都有一双桀骜不驯的眼睛。

Dynastie Qing
Bada Shanren
Seul, Le Regard Fier

110 × 74.5cm
Tous les animaux des peintures de Bada Shanren ont des yeux qui témoignent d'une grande
fierté et d'une concentration sans faille.

希望

希望是一种梦想，是生活中寻找幸福的动力。当你陷入逆境，唯一陪伴你的，就是希望。希望、专注和努力能帮你渡过难关，但希望是其中最重要的因素。相信希望，相信自己，努力工作。

ESPOIR

L'espoir est un rêve, une motivation dans la vie pour trouver le bonheur. Parfois, tout ce que vous avez dans la vie, dans les moments difficiles, c'est l'espoir. L'espoir, l'objectif et l'effort peuvent vous faire traverser ces moments et l'espoir est le facteur le plus important. Espérez, ayez confiance en vous et travaillez dur.

助人

做对别人有帮助的人，愿意考虑公众利益并为之行动，同时心存感恩，时刻对别人保有爱心。如果你不相信这是一个充满爱的世界，你的生活也会在沮丧中度过。只要你的心没有停止跳动，一切皆可重来。

AIDE

Se rendre utile, c'est penser aux intérêts publics et être reconnaissant. Il s'agit de toujours aimer les autres. Si vous ne pensez pas que ce monde est un monde d'amour, votre vie sera en grande partie noyée dans la dépression. Tant que le cœur n'est pas vaincu, tout peut recommencer.

50

欲望

欲望有合理和不合理之分。

如果合理，那么尽力去追求。有些欲望是不合理的。

人们不应该追求不合理的欲望，因为这样会损人不利己。认清自己想要什么很重要，但更重要的是，分清哪些是合理的，哪些不合理。

DÉSIR

Il y a des désirs raisonnables et d'autres qui ne le sont pas. Ceux qui ne sont pas raisonnables ne devraient pas être poursuivis car, avec le temps, vous risquez de vous blesser et de blesser les autres. C'est important de comprendre la nature de vos désirs, mais c'est encore plus important de savoir lesquels sont raisonnables et lesquels ne le sont pas dans votre vie.

遗憾

遗憾有很多种理解。你应该
能想到很多你一生中应该做
却没有做的事情。对于其中
一些事情，你可能还有时间
去做。然而有些事情，光阴
一去不复返，你需要接受不
能做的现实。生活中难免会
有遗憾，或小或大，要把注
意力集中在你做完的事情和
已取得的成就上，而不是你
还没有做的事情上。将遗憾
减少到最低。

REGRET

Le regret peut avoir beaucoup de significations. Vous pouvez penser à beaucoup de choses que vous auriez pu faire ou dû faire dans votre vie. Pour certains, il reste encore du temps. Pour d'autres, le temps est écoulé et vous devez l'accepter. Votre vie aura quelques regrets, plus ou moins grands, mais concentrez-vous plutôt sur les choses que vous avez faites, les choses que vous avez accomplies et non sur les choses que vous avez manquées. Le regret n'est pas un fruit que nous devrions récolter trop souvent.

仪式

仪式文化非常重要。它赋予人们认知，传达思想，展示成就，它是从人生的一个位置到另一个位置的通道。仪式为所有参加者带来荣誉和快乐。

CÉRÉMONIE

La culture de la cérémonie est très importante. Elle offre une reconnaissance, a du sens et montre l'accomplissement. Elle permet de passer d'une étape à une autre dans votre vie. Une cérémonie honore et apporte du bonheur à tous les participants.

谅解

谅解别人也就是善待自己。如果你与他人的关系存在冲突，那么你需要试着去谅解他们。尽自己最大的努力去谅解别人，同时永远记得谅解自己，并从错误中汲取教训。

PARDON

Vous devez pardonnez les autres et prendre soin de vous. Si vous êtes dans une relation avec les autres et qu'il y a un conflit, alors vous devez essayer de leur pardonner. Faites de votre mieux pour pardonner et rappelez-vous toujours de vous pardonner à vous-même et d'apprendre de vos erreurs.

54

平凡

人们有不同的标准，不同的需求，以及不同的行为方式。

有些人甘于平凡，然而有些人却在生活中追求不同的标准，接触不同的人，建立不同的价值观。人们有时会选择成为前者或成为后者，但两者都是好的，都需要努力才能实现。重要的是，要知道自己想成为什么样的人以及想过怎样的生活。

ORDINAIRE

Les gens ont des normes différentes, des besoins différents et des chemins différents. Certains peuvent vouloir être ordinaires et c'est normal. D'autres ne voudront pas être ordinaires et souhaiteront avoir des normes différentes, des personnes différentes et des valeurs différentes dans leur vie. Les gens peuvent parfois choisir d'être l'un ou l'autre, mais les deux sont normaux et les deux demandent des efforts. Cependant, il est important pour les gens de savoir ce qu'ils veulent devenir et comment ils veulent vivre.

妥协

狭路相逢时，每个人都必须
适当让一步，能够让别人方
便通过。

慈善

我一心行善。我希望其他人
也尽可能去做力所能及的善
事。发自内心地给予别人或
点滴或重大的帮助，这是你
找到幸福的重要途径。

COMPROMIS

Nous sommes tous sur un chemin étroit, donc chacun
doit être prêt à faire un pas de côté pour laisser les
autres passer.

CHARITÉ

Je donne avec mon cœur. J'espère que les autres font
la même chose dans la mesure de leur capacité à donner. Donner peu ou beaucoup, mais avec le cœur, est
une manière importante de trouver le bonheur.

目标

很多人没有目标，或者经常改变目标。这些人往往是漫无目的，或总是对自己的生活不满足。人们需要找到或选择一个适合自己的目标。一个能带给自己决心、动力和幸福感的目标。设定的目标应该是现实的、可实现的和长期的。

OBJECTIF

Beaucoup de personnes n'ont pas de but ou changent beaucoup d'objectifs. Ces personnes vont souvent se retrouver sans but ou insatisfaites. Les gens doivent trouver ou choisir un but qui leur convienne. Trouver un objectif qui fournit de la motivation et du bonheur. Votre objectif doit être réaliste, réalisable et sur le long terme. Vous devez connaître votre but. Mais la chose la plus importante est l'effort fourni pour at-

你应该有目标，但最重要的是朝着这个目标努力，而不是纸上谈兵。为了达到目标和梦想，你必须了解自己，了解自己在每一步中哪些做错了、哪些是对的，在此基础上再进行下一步。这样就可以不断学习和进步，实现自己的梦想和目标。

teindre ce but. Le simple fait de souhaiter et de vouloir n'est pas suffisant. Pour atteindre votre objectif et votre rêve, vous devez vous connaître, comprendre ce que vous avez mal fait et ce que vous avez bien fait et progresser ainsi jusqu'à la prochaine étape. De cette manière, vous allez constamment apprendre et vous vous rapprocherez toujours plus de la réalisation de votre rêve et de votre objectif.

擬古

青松勁挺姿 凌霄耻屈蟠
種生枝葉 連上松端
秋花墜絳烟 蒋藶寔錦殷
不羨 自立舒光射九垓
吐 芊效鶴疑縮頻還
青松本無華 安得保
歲寒 龜鶴年壽 羽介
我 記誅種 是靈物相得
忘形 骫鶴有冲霄心 龜
厭 尾居以竹兩附一相
將上靈軿報汝 慎多語
一語隨軺訖

Dynastie Song
Mi Fu
Shu Su Tie

270.8 × 27.8cm (part)
Mi Fu est un grand maître dans
l'histoire de la calligraphie chinoise.
Ceci est l'un de ses travaux les plus
connus. C'est une tortue et une grue.
Dans la culture chinoise, ces deux
animaux représentent la santé et la
longévité.

《蜀素帖》（局部）◎ 宋 ◎ 米芾

米芾是中国书法史上的大家，这幅《蜀素帖》为传世之作。其中提到的「龟鹤」两种动物，在中国文化中是健康长寿的象征。

晚年幸福

我希望当我九十九岁再回头
看时，感受到的是幸福和感
恩，并已经在大多数事情上
取得成功。我希望那时我已
经实现了自我价值，并为社
会创造了价值和利益。

BONHEUR QUAND ON EST VIEUX

Quand j'aurai 99 ans, j'espère que je regarderai en arrière et que je serai heureux, reconnaissant et que j'aurai réussi. J'espère que je penserai que j'aurai atteint mon objectif, apporté de la valeur et servi la société.

牺牲

父母老了需要孩子的照顾，而孩子小时候需要父母的照顾。这些事情简单而重要，对大多数人来说很容易，但我却没有尽到这些责任。我母亲去世时，我正在出差，为了履行我对海外员工的承诺。因为工作伙伴，我有时不得不牺牲自己的家庭生活。但如果你生命中有更大的清晰的目标，这些付出和牺牲是值得的。

SACRIFICE

Les parents ont besoin de l'attention de leurs enfants durant leur vieillesse et les enfants ont besoin de l'attention de leurs parents quand ils sont jeunes. Ces vérités et ces responsabilités simples et importantes sont faciles pour la majorité des gens, mais pour moi, certaines de ces responsabilités ont dû être sacrifiées. Quand ma mère nous a quitté, j'étais en voyage d'affaire, entrain de tenir une promesse que j'avais faite au personnel à l'étranger. Pour le travail, j'ai parfois dû sacrifier ma propre vie de famille. Mais un sacrifice vaut la peine et le bonheur arrive quand l'objectif final est bien défini.

年轻人

年轻人能够而且必须比老年人更努力地工作。他们有精力，有热情，如果他们努力工作，就有能力过上更好的生活。他们是国家和世界未来的领导者。我们对年轻人寄予厚望，期待他们的改变和进步。我希望年轻人能树立目标，愿意为人民，为社会，为国家，为这个世界做些事情。如果他们能记住这些，那么每天要做的工作就变得清晰和简单了。

LES JEUNES

Les jeunes peuvent et doivent travailler encore plus dur que les plus âgés. Ils ont l'énergie, l'enthousiasme et la capacité à avoir une belle vie s'ils travaillent dur. Ils sont les futurs leaders du pays et du monde. Les jeunes sont notre investissement dans tout ce que l'on chérit, y compris le changement et le progrès. J'espère que les jeunes ont un objectif, un désir d'améliorer les choses pour le peuple, la société, le pays et le monde. S'ils gardent cela en tête, alors les choses qu'ils doivent faire chaque jour deviennent plus claires et plus faciles.

悔恨

不要让自己沉浸在悔恨中无法自拔。正视它，并从中汲取教训，然后继续前进。当我做出了错误的决定，或者我和别人说话时用的词太苛刻，反思时我会对自己的言行感到后悔。这也是我们自我完善的途径，但不要让悔恨持续下去。

HAINE

Ne laissez jamais la haine pour vous-même durer. Ressentez-la, tirez-en des leçons et passez à autre chose. Parfois je prends une mauvaise décision ou je parle avec d'autres personnes et les mots que j'utilise sont trop durs. Quand j'y repense, je me déteste. Mais c'est aussi comme cela qu'on s'améliore, donc ne laissez pas la haine durer.

自私

失败始于自私、嫉妒和傲慢，
而成功则总是源自于全心全
意、集思广益和奉献社会。
那些心胸狭隘、只关心自己的
人，是无法实现梦想的。

L'ÉGOÏSME

L'échec commence avec l'égoïsme, la jalousie et l'arro-
gance, mais le succès vient toujours de la sincérité, de
la compréhension et de l'engagement social. Ceux qui
se concentrent sur une vision étroite, sur eux-mêmes,
sont moins capables de réaliser leurs rêves.

海洋

对许多人来说，海洋代表着宽阔无垠，无法跨越。但是总有伟大的人物能找到远渡重洋的方法。海洋不会大过梦想，梦想会带来幸福。

OCÉAN

Pour beaucoup, l'océan représente l'impossible, une vaste étendue qui est trop grande à traverser. Mais les gens biens trouvent toujours une façon de traverser les océans. L'océan n'est jamais plus grand que le rêve et le rêve apporte le bonheur.

慷慨

慷慨大方，就是敞开心扉，
为社会做出贡献。慷慨付出
的回报，就是生活在一个更
美好的世界中。你越大方，
你就越富有。你越吝啬，你
就越活在自私的贫困之中。

GÉNÉREUX

Etre généreux est le fait d'avoir du cœur pour les gens
et de contribuer à la société. La générosité vous ré-
compensera pour avoir assumé vos responsabilités de
vouloir vivre dans un monde meilleur. Plus vous êtes
généreux, plus vous serez riche. Plus vous êtes avare,
plus vous vivrez dans un monde de pauvreté et d'égoïsme.

Dynastie Han de l'Est
**Le Cheval de Bronze au Galop
Volant**

34.5 × 45 × 13cm
Un miracle de l'art de bronze et de
la technique de la Chine antique, le
cheval galope dans le ciel et s'appuie
sur une hirondelle qui le regarde
étonnée. La sculpture est parfaite-
ment équilibrée sur un sabot qui est
posé, sans pression, sur une hirondelle volante…et la tête exprime
une certaine énergie.

《马踏飞燕》（青铜器）◎ 东汉

这是中国古代青铜雕塑的奇迹。天马凌空奔驰，超越于
飞燕之上，整体造型飘逸俊美，充满动感。雕塑以飞燕
和马蹄轻巧的接触，完美地解决了平衡问题，是青铜雕
塑美学与技术上的奇迹。

马

马不能后退，它总是在前进。它是一种具备速度、耐力和方向感的动物，无论是个体还是群体，都能以力量和优雅的姿态立足。我们可以从马身上，学习感悟到很多有关力量、幸福和成功的东西。

CHEVAL

Un cheval ne peut pas courir à reculons, il ira toujours en avant. C'est un animal rapide, endurant et droit. Il est puissant et gracieux, qu'il soit seul ou en groupe. Nous avons beaucoup à apprendre du cheval : la force, le bonheur et le succès.

第三部

财富

III

FORTUNE

尊重

在生活中，在事业上，做任
何事都要公平。这样才能赢
得尊重。如果你尊重别人，
别人也会尊重你，如果你想
要别人尊重你，却又不以公
平或者尊重别人的方式做
事，那么你也得不到尊重。
想要被尊重其实很简单，你
需要尊重他人，公平对待。

RESPECT

Quand vous faites quelque chose dans la vie ou au
travail, vous devez le faire avec équité. C'est ainsi que
vous gagnez le respect. Si vous faites preuve de respect, alors on vous respectera. Si vous voulez recevoir
du respect, mais que vous ne faites pas les choses de
façon juste ou dans le respect des autres, alors vous ne
recevrez pas de respect. C'est très simple d'être ho-
noré avec respect : vous avez simplement besoin d'être
juste et de montrer du respect aux autres.

创新

创新是企业发展的源动力。它意味着不断挑战自我，意味着超越边界，超越现有框架，提升到一个新的境界。在经营企业时，你需要看到比企业现状更远的地方，站在更高的位置和视角。你需要面面俱到、事事理清。当然，创新应以市场为导向。如果你的创新不能满足市场需求，或者不符合社会需要，那就没有意义了。创新必须立足于它所处的环境与背景才能成功。

INNOVATION

L'innovation est la force conductrice du développement de l'entreprise. L'innovation veut dire que vous vous défiez en permanence. Cela signifie traverser les frontières, sortir du cadre existant. Si vous avez une entreprise, vous avez besoin de regarder plus loin que ce que l'entreprise fait déjà afin d'avoir un point de vue plus grand et une position plus élevée. Vous devez être capable de regarder autour et de voir clairement. Cependant, l'innovation devrait être orientée vers le marché. Si votre innovation ne répond pas à la demande du marché ou si elle ne répond pas à un besoin social, alors elle n'est pas significative. L'innovation doit être connectée à son environnement et à un contexte pour réussir.

贫穷

贫穷是暂时的。关键在于你的心态和精神。贫穷没什么可怕的。相反，你应该害怕的是缺乏自信、懒惰和道德败坏。贫穷是一时的。如果你能改变心态，如果你是一个勤奋且富有创新精神的人，你迟早会摆脱贫困。

PAUVRETÉ

La pauvreté est temporaire. La clé est votre état d'esprit et votre énergie. La pauvreté n'a rien d'effrayant. Par contre, vous devez avoir peur du manque de confiance, de la paresse et des mauvaises valeurs. La pauvreté en elle-même n'est pas une finalité. Si vous êtes capable de changer votre mentalité, si vous êtes un travailleur acharné et que vous avez un esprit innovateur, vous sortirez tôt ou tard de la pauvreté.

能量

能量来自梦想。如果你有
梦想，那么你就有能量和
信心。如果你有信心，你
就不会低估自己。这本身
就是能量。更大的能量来自
行善和感恩，以及人们看待
你对待你的方式。行善会给
予你能量。

POUVOIR

Le pouvoir provient des rêves. Si vous avez des rêves,
alors vous avez le pouvoir et la confiance en soi. Si vous
avez confiance en vous-même, alors vous ne vous sous-
estimez pas. C'est cela le pouvoir. Un pouvoir encore
plus grand viendra ensuite de la bonté du cœur et du
fait d'être reconnaissant. Le pouvoir se trouve aussi
dans la façon dont les autres pensent à vous et se comportent avec vous. La bonté vous donnera du pouvoir.

逆境

在我的商业生涯中，很多人试图向我们施加压力，操控我们，掠夺财富。有时企业几乎遭受毁灭性的打击。但最终，我们都挺过来了，因为我们心怀感激。我感谢那些让我们陷入困境的人。没有这些让我们痛苦并试图操控我们的人，我们就不会成长。我们感谢他们，因为他们是我们的「生命导师」。在他们的「磨难教导」下，我们变得百折不挠。

ADVERSITÉ

Durant mes années en affaires, beaucoup de personnes ont essayé de nous contrôler, de nous prendre de l'argent et de faire pression sur nous. Il y a eu des moments presque catastrophiques pour l'entreprise. Mais nous avons finalement gagné grâce à notre esprit reconnaissant. Je suis reconnaissant envers ceux qui nous ont causé des problèmes. Sans les personnes qui nous ont fait souffrir et ont essayé de nous contrôler, nous n'aurions pas grandi. Nous sommes reconnaissants envers eux car ils sont nos professeurs de la vie. Nous sommes plus résistants grâce à leurs enseignements.

金钱

钱，我们生不带来，死不带去。钱是个好东西，但我又能吃多少、喝多少？我的饮食很普通，因为我需要营养，但也就仅此而已。金钱之外，每个人都有无尽的财富，那就是爱心。当你付出爱时，你会觉得世界更加美好。金钱永远不会给人那种感觉。

ARGENT

Nous naissons et nous mourrons sans argent. L'argent est une bonne chose, mais combien puis-je manger et boire ? Mon repas est ordinaire parce que j'ai seulement besoin de me nourrir, rien de plus. Indépendamment de l'argent, tout le monde possède une richesse inépuisable sous la forme de l'amour pour les autres. Quand vous payez en amour, vous sentez que le monde est encore plus beau. L'argent ne peut jamais donner ce sentiment.

成功

成功源于自我努力、辛勤工作、目标明确，以及帮助他人。我希望别人也能通过这些方式获得成功。重要的是我们要记住，想要成功，想要实现目标，首先需要与人为善，相处融洽。

SUCCÈS

Le succès vient avec l'effort, le travail intense, le fait de connaître vos objectifs et le soutien des autres. J'espère que les autres trouveront du succès de cette manière. Il est important que chacun de nous se rappelle que pour réussir, pour atteindre un objectif, la première chose nécessaire est la bonne entente avec les gens.

努力

个人努力在所有事情中至关重要。有时它很难，需要克服诸多障碍。但只有通过努力，包括精神和身体两方面的努力，我们才能达到目标。当然，个人的努力还不够，你还需要那些具备你所没有的天赋的人，需要他们与你共同努力来实现你的目标。

EFFORT

L'effort personnel est essentiel dans tout. Il peut être parfois très difficile et parfois, il faut faire face à beaucoup d'obstacles. Mais c'est seulement grâce à l'effort mental et physique que nous y parviendrons. Un effort ne peut pas se réaliser tout seul. Vous avez besoin d'autres personnes qui ont des talents que vous n'avez pas et qui sont prêtes à faire des efforts avec vous pour réussir ensemble.

命运

这很重要。你需要付出努力，建立良好的基础，好运也会随之而来。幸运总是青睐努力的人。

勇敢

在你做一些公平有益的、对社会有所贡献的事情时，你会变得勇敢。所谓勇敢，就是用你的思想、你的心灵、你的双手为社会做出贡献。

DESTIN

Ceci est très important : vous devez faire des efforts tout seul, travailler dur pour construire de bonnes bases et une destinée positive se présentera ensuite. Une destinée positive vient après des efforts importants.

BRAVOURE

Vous êtes brave lorsque vous faites quelque chose de loyal, qui contribue à la société. Contribuer à la société avec votre esprit, votre cœur et vos mains, voilà ce qui constitue la bravoure.

挑战

有人逃避挑战，有人把它看作机会。困难和挑战是生活的一部分，或大或小。挑战本身并不重要，重要的是我们如何看待它和解决它。我们如何应对挑战将决定我们成为什么样的人，决定我们能否克服面临的挑战和困难。

DÉFI

Certaines personnes fuient les défis. D'autres les voient comme des opportunités. Les difficultés et les défis font partie de la vie. Ils sont parfois importants et parfois insignifiants. La nature du défi n'est pas importante, ce qui est important, c'est la manière dont nous le percevons et comment nous l'abordons. C'est notre façon de traiter un défi qui nous définit en tant qu'êtres humains et c'est ce qui détermine si nous allons surmonter le défi ou la difficulté auquel nous faisons face.

财富是一种责任。有些有钱人花钱只是为了享乐，为了自己，也许还有其他少数人。但对我来说，我觉得拥有的财富越多，所要承担的社会责任就越多。你花钱的目的，应当是帮助他人找到健康和财富，帮助那些因处境而缺少机遇的人。财富的真正价值和乐趣，是利用它给他人带来改变，而不仅仅是浪费在自己身上。真正的幸福是帮助他人，履行社会责任。

财富

RICHESSE

La richesse est une responsabilité. Certaines personnes utilisent leur richesse uniquement pour le plaisir, pour eux-mêmes et peut-être pour quelques autres personnes. Pour moi, plus vous avez de richesse, plus vous avez une responsabilité sociale. Vous devez utiliser cette richesse pour une cause, pour aider les autres à avoir une bonne santé et à trouver eux-mêmes la richesse, mais aussi pour aider ceux qui, à cause de leur situation, n'ont que très peu d'opportunités. La vraie valeur et le véritable plaisir de la richesse sont de l'utiliser pour faire une différence dans la vie des autres et pas seulement de la gaspiller pour soi-même. Le vrai bonheur réside dans le fait d'aider les autres et d'assumer les responsabilités d'être riche.

团队

团队既是一种管理体系，也是一种精神体系，二者共同推动目标的实现。有共同的目标，团结奋斗，公平回报，互相尊重、互相欣赏，才是一个能有效运作、做好事情的优秀团队。

领导力

领导力是一门艺术。个人价值观、自信和向他人展示自己的方式，都会逐步建立你的领导力。

EQUIPE

L'équipe est à la fois un système de management et un esprit qui se réunissent pour promouvoir un résultat. Partager un but, travailler dur, se rassembler, être récompensé équitablement ensemble, respecter et profiter les uns les autres, tout cela veut dire qu'une bonne équipe travaillera ensemble pour faire de bonnes choses.

LEADERSHIP

Le leadership est un art de vivre. Vos valeurs personnelles, votre confiance en vous et la manière dont vous vous présentez aux autres, tout cela construit votre leadership.

历史

历史可以是个人的历史，也可以是一个民族的历史，一个国家的历史，世界的历史。我们能从历史中学到很多。古代传统文化形成了我个人的历史背景和我们国家的历史背景。古代文化的影响随处可见，尽管不是每个人都能认识到这种影响的根源。我们也正在创造历史，它将影响未来的人们。我们都是历史长河的一部分，这条历史河流曾向我们，也终将流经我们继续向前。

HISTOIRE

L'histoire peut désigner l'historique personnel, l'histoire d'un peuple, d'un pays, du monde. Mais nous pouvons apprendre beaucoup grâce à l'histoire ancienne. La culture ancienne a formé mon histoire et l'histoire de mon pays. L'influence d'une ancienne culture peut être vue partout, même si tout le monde ne va pas reconnaître les racines de cette influence. Et nous sommes entrain de créer l'histoire qui va influencer les peuples du futur. Nous faisons tous partie de la rivière de l'histoire, la rivière qui a coulé avant nous et qui coulera après nous.

《蕉石牡丹图》◎ 明 ◎ 徐渭

一反过去中国写意花鸟画恬静安适的意趣，徐渭赋予笔下的花卉以强烈的主观情感，产生强烈的艺术感染力。

Dynastie Ming, Xu Wei, **Palmier, Pierre et Pivoine**

195 × 99cm

Xi Wei ajoute une forte touche personnelle et émotionnelle à ses peintures, ce qui donne à ses travaux un enjeu de taille par rapport à la tradition des peintures chinoises qui prônent la paix, l'harmonie et la tranquillité.

决定

做出决定就要承担责任。领导者应该善于决策，因为那些擅长于此的人将获得团队的尊重。那些没有勇气做出决定、不能做出正确及时决策的人，不会是好的领导。

DÉCISION

Prendre une décision revient à prendre une responsabilité. Les dirigeants devraient être bons en prise de décision parce que ceux qui sont bons dans ce domaine gagneront le respect de leurs équipes. Ceux qui n'ont pas le courage de prendre des décisions et ne peuvent pas prendre les bonnes décisions au bon moment ne seront pas de bons dirigeants.

腐败

腐败是可耻的。它的存在令人难堪。在一个良好而公平的社会里，没有必要腐败。即使有些人被诱惑，他们周围的社会及他人，都应该态度明确：腐败是不对的。腐败不应成为任何人想要追求的生活方式。

CORRUPTION

C'est une honte que la corruption existe. Nous avons tous honte de son existence. Dans une société bonne et équitable, il n'y a pas besoin de corruption. Même si certaines personnes sont tentées d'être corrompues, la société autour d'eux, tous les gens, devraient expliquer clairement que la corruption est mauvaise. Personne ne veut que la vie soit ainsi.

龙

龙是皇帝的象征，是中国文化的重要符号，它能凝聚人心，让人们为共同的事业齐心协力。

DRAGON

Le dragon est un symbole de l'empereur. C'est une icône très importante dans la culture chinoise. Le dragon aide à rassembler les gens et à les garder concentrés sur les choses importantes aux yeux de tous.

动力

想要有动力，就要有梦想，有目标，并追求这个目标。

要想拥有并保持生活的动力，你需要设定一个你想要做的或者想要实现的目标。

你必须明确你为之奋斗的方向。否则你就不会有动力，你会漫无目的，或者在各种事务之间不停转移目标。

MOTIVATION

Etre motivé, c'est avoir un rêve, avoir un objectif et poursuivre cet objectif. Pour avoir de la motivation et rester motivé dans la vie, vous devez définir un but, une cible, ce que vous voulez faire ou réaliser. Pour rester vraiment motivé, vous devez savoir où vous allez. Si vous n'avez pas d'objectif, vous ne serez pas motivé dans la vie, vous n'aurez pas de but ou vous passerez d'une chose à l'autre sans réel intérêt ou engagement.

88

前进

要开始新的事物，走一条不同的道路，你必须勇敢。但与此同时，要做到这一点，你需要放弃一些东西。因此，在人生中我们会挑选那些有价值、有意义的东西，放弃那些毫无价值的东西。你需要选择该选择的，放弃该放弃的。一旦做出决定，就应毫不犹豫。

PROGRÈS

Pour commencer quelque chose de nouveau, pour progresser sur un chemin différent, vous devez être audacieux. Mais en même temps, pour cela, vous devez abandonner quelque chose. Donc, dans la vie, nous amassons des choses qui ont de la valeur et du sens, et nous abandonnons des choses inutiles. Vous devez choisir la bonne chose à abandonner et la bonne chose

另一个重要的问题是，你决不能脚踏两条船，否则你就会掉进水里。向前走，永远不要为自己留后路。一旦你知道自己有后路可走，你就难以专注于一往无前的道路。

à ramasser. Quand vous prenez une décision, vous ne devez pas hésiter. Autre point important : vous ne devez jamais mettre deux pieds sur deux bateaux différents. Restez sur un seul bateau, sinon vous tomberez à l'eau. Avancez et ne prévoyez jamais de revenir en arrière. Si vous savez que vous avez un plan pour revenir en arrière, cela va ruiner votre détermination d'aller de l'avant.

时间

生命、工作和机遇都是可以用来体现时间价值的重要元素。有些东西在生命中是独一无二的，它们只发生一次或只在那一瞬间。很多人和事情，一旦错过就不再来。时光易逝永不回，我们必须珍惜时间。

TEMPS

La vie, le travail et les opportunités, tout cela représente le temps, un élément majeur et important. Certaines choses sont uniques dans la vie, elles n'arrivent qu'une seule fois ou seulement pour une durée très courte. Si vous les manquez, alors le temps avance et vous ne pouvez plus revenir en arrière pour ces choses-là. Le temps qui passe ne permet pas un retour en arrière. Nous devrions tous chérir le temps et comprendre qu'il passe trop vite.

不可能

不可能能被完成。不可能能成为可能。困难只是毛毛雨，不是暴风雨。细雨阻止不了人们前进。

斗牛士

生活中，我们应当像一个斗牛士。接受挑战，面对挑战，不畏惧挑战。坚守阵地，必要时稍作调整，但始终把你的目光、你的心思专注于成功上。

IMPOSSIBLE

L'impossible peut être réalisé. L'impossible peut devenir possible. Les difficultés ne représentent qu'une pluie légère, pas une tempête. La bruine n'a jamais empêché qui que ce soit d'avancer.

TORERO

Dans la vie, nous devons être comme des toreros : accepter et faire face aux défis. Ne soyez pas effrayé par les défis. Défendez votre territoire, bougez un peu quand c'est nécessaire, mais gardez vos yeux, votre esprit et votre cœur focalisés sur la réussite.

道路

路是人走出来的。你不前进，就不能开辟道路。就生活中的大多数事情来说，在你迈进之前，并不存在明确的途径。随着你向前迈进，你开辟出了道路，然后进一步前行。

VOIE

Les humains créent des chemins en même temps qu'ils avancent. Si vous n'avancez pas, alors vous ne créez pas de chemin. Pour la plupart des choses dans la vie, un chemin dégagé n'existe pas avant que l'on avance. Lorsque vous avancez, vous créez la voie qui ensuite vous permettra de continuer à avancer.

中国

随着中国过去三十年经济的不断变革，政府和人民观念的改变，中国在不断进步。在此之前，中国是一头沉睡的雄狮。现在，它被唤醒了，成为世界经济和社会的中坚力量。

CHINE

La Chine continue de progresser grâce aux 30 dernières années de réforme économique et grâce à la vision du monde qu'ont le gouvernement et le peuple. Avant cela, la Chine était un lion endormi. Le lion s'est maintenant réveillé et représente une puissance économique et sociale.

94

文明

文明和文化是相连的，二者在同步发展。我们有责任促成、理解、感激那些帮助我们持续朝着和谐统一美好社会前进的文明和文化的变化。

CIVILISATION

La civilisation et la culture sont liées. Quand l'une se développe, l'autre se développe également. Nous avons la responsabilité de contribuer, de comprendre et d'apprécier les changements dans la civilisation et dans la culture qui nous aident tous à continuer d'avancer vers une société meilleure, harmonieuse et unie.

遗产

人生不带来死不带去。人的一生，应该为社会作贡献，这是我们所有人的责任，也是我们的荣幸。如果当我们离开时，人们能够记住我们，那才是我们留下的真正遗产。我们可能会留下其他东西，但最重要的遗产，是在我们离开之后，人们对我们的情感和看法。被看作是一个对他人和社会有所贡献的好人，是最重要的遗产。

HÉRITAGE

Les gens naissent et meurent sans rien. Durant notre vie, nous devons contribuer à la société, c'est notre responsabilité à tous et c'est aussi notre privilège à tous de contribuer. Notre véritable héritable est la façon dont les gens se souviennent de nous une fois que l'on est mort. Nous pouvons laisser d'autres choses derrière nous, mais ce sont les sentiments et les pensées que les gens ont de nous après notre décès qui constituent l'héritage le plus important. L'héritage le plus important est d'être considéré comme une bonne personne qui a aidé les autres et contribué à la société.

机会

无论你做什么，机会都是少有且珍贵的。有机会给你，这很宝贵。就我自己的经验而言，你一辈子也不会有很多机会，因此，一旦你有机会，一旦你看到了机会，你就应该牢牢抓住它。

OPPORTUNITÉ

Peu importe ce que vous faites, l'opportunité est très rare et très précieuse. Une opportunité qui se présente à soi est quelque chose de très précieux. Selon ma propre expérience, il n'y a pas beaucoup d'opportunités qui se présentent dans une vie. Si vous avez une opportunité, si vous pouvez voir une opportunité à n'importe quel moment de votre vie, alors vous devez la saisir.

选择

当你做出了正确的选择，不要犹豫，不要怀疑。正确的决定其实很简单。为了确保你做出正确的决定，你必须看到事情背后的真相，而不是流于表面。你做出的决定，应当有益于人民，有益于企业，有益于社会。正确的决策背后是基于强大的道德观。

CHOIX

Quand vous faites le bon choix, il n'y a pas d'hésitation, ni de doute. La bonne décision s'impose directement. Pour être certain que vous prenez la bonne décision, vous devez chercher la vérité derrière les faits plutôt que simplement regarder ce qu'il y a en surface. La décision que vous prenez doit apporter des avantages au peuple, aux entreprises et à la société. Derrière une bonne décision, il y a une forte moralité.

我们所说的才能，是指一个人为社会作贡献、创造利益的能力。但才能的发挥需要信任。如果你信赖某人，你就给他展示才能的空间。把合适的人放在合适的位置，他们就能做好任何工作。

才能

TALENT

Quand nous parlons de talent, nous parlons de capacité et d'aptitude. Ce qui veut dire qu'une personne peut vraiment contribuer à la société et y apporter des avantages. Mais le talent se réfère aussi à la confiance mutuelle. Si vous faites confiance à quelqu'un, vous lui donnez la possibilité de contribuer et de montrer ses talents et ses capacités. Si vous mettez la bonne personne au bon endroit, elle peut tout accomplir.

工作

工作是多层次的责任。它是
你达成目标的途径，也是你
养家糊口、建立友谊、维持
你的公司、支持你的国家的
方式。

传统

传统会随着社会的进步而发
展改变。传统应当被尊重，
但也要与时俱进。

TRAVAIL

Le travail impose des responsabilités à différents niveaux. C'est une manière d'atteindre ce que vous voulez accomplir, de réaliser un objectif. C'est un moyen d'aider votre famille, de créer des amitiés et de soutenir votre entreprise et votre pays.

TRADITION

La tradition évolue avec le progrès social. Quand la société s'améliore, alors la tradition suit. Les traditions doivent être respectées, mais elles doivent aussi évoluer pour coïncider avec le peuple et l'époque actuels.

100

非凡

我要做什么事时，总是试图创造一些不同的东西，不同于以往我做过的，也不同于以往别人做过的。做非凡的事情，就是创造能给许多人带来巨大快乐的一个个小的奇迹。

公司

企业小的时候是个人的，发展起来后，是国家的，是大家的，是社会的。它为社会大众的利益而存在。

EXTRAORDINAIRE

Quand je fais quelque chose, j'essaie toujours de créer quelque chose de différent, de faire quelque chose de plus par rapport à ce que j'ai déjà fait et à ce que les autres ont déjà fait. Faire quelque chose d'extraordinaire revient à créer un petit miracle qui apporte un grand bonheur à beaucoup de personnes.

ENTREPRISE

Quand l'entreprise est petite, elle est personnelle. Elle appartient au créateur. Quand elle est grande et fructueuse, elle appartient à ses employés et à son pays. Elle existe pour le bien social.

执行

在执行过程中，把一个重大的、长期的目标分解成一个个可实现的短期目标，然后一个一个完成，这很重要。那些眼里只有长期目标的人往往根本不采取行动，因此他们失败了。当你一个接一个地完成小目标时，大的目标自然就会实现。因此，在制定小目标中，不要好高骛远，永远保持实际。人们认为成功来自于尝试不可能的事情，恰恰相反，它通常来自于踏实和效率。

EXÉCUTION

Dans le processus d'exécution, il est essentiel de diviser un objectif important à long terme en petites actions à court terme, puis de les accomplir une par une. Ceux qui se concentrent uniquement sur l'objectif à long terme n'accomplissent souvent rien du tout, et par conséquent, ils échouent. Quand vous atteignez de petits objectifs un par un, le grand objectif sera atteint naturellement. Donc ne soyez pas trop ambitieux dans vos objectifs plus petits, ne vous étendez pas et restez toujours concret. Les gens pensent que le succès vient quand on tente l'impossible mais, au contraire, il arrive grâce à la modestie et à l'efficacité.

《墨葡萄图》○明○徐渭

徐渭是明代书画和诗词大家。他为人狂放不羁，他的画同样惊世骇俗，打破了传统的手法、题材范畴和审美规范，自成一家。

这幅《墨葡萄图》风格疏放，不求形似，代表了徐渭大写意花卉的风格，也是明代写意花卉高水平的杰作。

Dynastie Ming, Xu Wei, **Raisins**

116.4 × 64.3cm

Xu Wei est l'un des meilleurs peintres de la Chine antique. Comme son personnage, sa peinture est si débauchée et débridée qu'il a créé un genre à lui seul, "Vigne Verte", qui ouvre les portes à la peinture de la Chine moderne. Cette peinture est un chef d'oeuvre de Xu Wei et représente le plus haut niveau de peinture chinoise à main levée.

一线

有多少高级管理人员定期到一线探访？又有多少人了解员工面临的实际问题，并提出切实可行的解决方案？有多少经理让一线员工了解他的战略目标和管理理念，并对每个职位的职能有深刻的了解？又有多少经理亲自指导、激励和表扬他们的一线员工？公司的重要决策需要在一线落实，一个不经常探访一线，不了解来自一线的独特变化和挑战的经理，无法为他们的业务做出正确的决策。

PREMIÈRE LIGNE

Combien de cadres supérieurs visitent régulièrement la première ligne ? Combien reconnaissent les vrais problèmes auxquels sont confrontés leurs employés et trouvent des solutions pratiques ? Combien de managers transmettent leurs objectifs stratégiques et leurs philosophies de management à leur personnel de première ligne et ont une compréhension en profondeur des tâches et des responsabilités de chacun des postes ? Combien de managers encadrent, motivent et complimentent le personnel de première ligne en personne ? Pour n'importe quelle entreprise, la première ligne est l'endroit où les actions les plus importantes se déroulent. Un manager qui ne visite pas régulièrement et qui ne comprend pas les changements uniques et les défis que vit la première ligne ne prendra pas les bonnes décisions pour son entreprise.

管理

管理者必须懂得如何与人真诚相处。真诚和真实能温暖人心，创造一种人人都能诚意行事的环境。这是个人和企业发展的绝佳氛围。一个真正可靠的人，更多的是理解和肯定，而非一味批评。这样的人不会冷漠、拒人于千里之外，而是热心、善于鼓舞士气的人。

MANAGEMENT

Les managers doivent savoir se comporter d'une manière authentique en compagnie d'autres personnes. Etre vrai et authentique va réchauffer beaucoup de cœurs et créer un environnement dans lequel tout le monde se sent bien et agit sincèrement. C'est une excellente atmosphère pour le personnel et le développement de l'entreprise. Une personne vraiment authentique est moins critique et plus compréhensive et positive. Ces personnes ne sont pas froides et distantes, au contraire, elles sont chaleureuses et encourageantes.

竞争

商业竞争是血腥残酷的。这场比赛中唯一的规则就是丛林法则——适者生存。优胜者获得奖赏，而弱者消失。狭路相逢，妥协意味着彼此各自让步，而竞争是将你的对手打倒出局。在竞争激烈的环境中，只有最勇敢的人才能胜出。获得竞争胜利的企业，也应为能够继续向员工提供稳定的工作和职业发展而感恩。

COMPÉTITION

La compétition dans l'entreprise est sanglante et cruelle. La seule règle dans cette compétition, c'est la loi de la jungle, la survie du plus fort. Elle récompense les plus forts et élimine les plus faibles. Le compromis désigne le fait de s'écarter pour laisser la place sur un chemin étroit, mais la compétition désigne le fait de pousser votre adversaire en dehors du chemin. Dans un environnement de compétition rude, seul le plus courageux peut gagner. L'entreprise gagnante devrait être reconnaissante de pouvoir continuer d'offrir la sécurité de l'emploi et l'avancement professionnel à ses employés.

成就梦想：李金元语录

ISBN-10:0-9994263-4-6
ISBN-13: 978-0-9994263-4-0

法语翻译：Emrecan Ozturk
特约编辑：Isabelle Fabio
装帧设计：视觉共振设计工作室
壹嘉出版在美国出版
www.1plusbooks.com
旧金山，美国

Réaliser Votre Rêve : Les Paroles de Li Jinyuan

ISBN-10: 0-9994263-4-6
ISBN-13: 978-0-9994263-4-0

Traduction : Emrecan Ozturk
Relecture et corrections : Isabelle Fabio
Design : PanGo Vision
Publié par 1 plus Publishing & Consulting aux Etats-Unis
www.1plusbooks.com
San Francisco, Etats-Unis